OCÉAN PACIFIQUE
Russie
Islande
Féroé (Dan.)
Norvège
Suède
Finlande
Estonie
Lettonie
Lituanie
Royaume-Uni
Irlande
Danemark
Pays-Bas
Belgique
Allemagne
Pologne
Bélarus
Ukraine
Luxembourg
Suisse
France
Moldavie
Roumanie
Italie
Bulgarie
Espagne
Portugal
Albanie
Grèce
Malte
Turquie
Géorgie
Arménie
Azerbaïdjan
Kazakhstan
Mongolie
Ouzbékistan
Kirghizistan
Turkménistan
Tadjikistan
Chine
République populaire démocratique de Corée
République de Corée
Japon
Syrie
Liban
Israël
Jordanie
Irak
Iran
Afghanistan
Bahreïn
Koweït
Qatar
É.A.U.
Arabie-Saoudite
Oman
Yémen
Pakistan
Népal
Bhoutan
Inde
Bangladesh
Myanmar
Laos
Thaïlande
Cambodge
Viêtnam
Taiwan
Philippines
Maldives
Sri Lanka
Malaisie
Singapour
Brunei
Indonésie
Papouasie-Nouvelle-Guinée
Timor oriental
Îles Salomon
Vanuatu
Fidji
Nouvelle-Calédonie (Fr.)
Australie
Nouvelle-Zélande
Tunisie
Maroc
Algérie
Libye
Égypte
Sahara occ.
Mauritanie
Mali
Niger
Tchad
Soudan
Érythrée
Djibouti
Éthiopie
Somalie
Sénégal
Gambie
Guinée-Bissau
Guinée
Sierra Leone
Libéria
Nigeria
Cameroun
Rép. Centrafricaine
Guinée équatoriale
Gabon
Congo
Rép. Démo. du Congo
Ouganda
Kenya
Rwanda
Burundi
Tanzanie
Seychelles
Comores
Mayotte (Fr.)
Angola
Zambie
Malawi
Namibie
Zimbabwe
Botswana
Mozambique
Madagascar
Maurice
Réunion (Fr.)
Swaziland
Lesotho
Afrique du Sud
OCÉAN ATLANTIQUE
OCÉAN INDIEN

Ce livre est imprimé sur Maine Green 170g/m², papier couché
60% fibres recyclées – 40% fibres vierges FSC.
Maine est un produit et une marque enregistrée du groupe Arjowiggins.
Grâce à sa teneur élevée en fibres recyclées,
ce papier éco-conçu a, lors de sa fabrication,
un impact très réduit sur les ressources naturelles : eau, énergie et bois.

ISBN : 978-2-7324-3830-6
Dépôt légal : août 2008
Photogravure : IGS-CP
Réimprimé en France sur les presses
de l'imprimerie POLLINA, Luçon - L48025, en août 2008

D'après un concept de Cécile Polard et Rodolphe de Carini / Pinka - Altitudes Anyway
écrit par Cécile Polard, Christophe Seguin, Isabelle Bottier, Catherine Cuenca, Baptiste Heidrich
Conception et textes des livres : Agnès Slimovici
Iconographe : Isabelle Bruneau
Conseillers scientifiques : Olivier Milhomme et Isabelle Delannoy
Création des personnages : Sébastien Garnier
Conception graphique : Elisabeth Ferté

La Terre vue d'Alban

Yann Arthus-Bertrand

1- La Terre bouge !

De La Martinière Jeunesse

© Erwan Sourget

En survolant la Terre depuis 30 ans, je l'ai trouvée belle mais surtout fragile.
J'ai rencontré des hommes inquiets et préoccupés par les conséquences de nos gestes.
Des gestes que nous, les adultes, faisons souvent sans y penser ou parfois en toute innocence sans en mesurer les conséquences.

Alban est un poisson curieux de tout. Comme toi il veut tout savoir, il peut tout apprendre.
Avec lui tu pourras découvrir les nombreux trésors que nous offre chaque jour la planète source de vie.

Alban est là pour te guider, émerveille-toi avec lui. Je m'émerveille, moi aussi, à chacun de mes voyages.
A ton tour tu verras que la terre a besoin de nous pour nous donner le meilleur d'elle-même.

C'est le voyage qu'Alban te propose pour découvrir que toi aussi tu peux prendre soin de la planète dès maintenant.

Yann Arthus-Bertrand

http://www.goodplanet.org

"J'ai créé l'association GoodPlanet.org en 2005 pour informer petits et grands sur l'état de la planète et proposer des solutions pour la préserver.
Plusieurs projets existent pour mettre l'environnement au cœur des préoccupations quotidiennes : à la maison, à l'école et même en vacances."

Bonjour la Terre !
Eh, regarde, j'ai encore grandi depuis l'année dernière.
Ma nageoire dorsale a poussé de 2 centimètres...

Bravo Alban, tu grandis vite !
Tu sais, moi aussi je grandis...

Tu grandis, toi, la Terre,
comment ça ?

Je bouge, j'évolue...
et ça se voit !

Mais comment ?
Montre-moi !
Blob, tu viens avec nous ?

Regarde, Alban, les montagnes.
Elles naissent, grandissent, bougent…

Quoi ? Tu veux dire qu'elles n'ont pas toujours existé ? Comment sont nées alors les montagnes de l'Himalaya, les plus hautes du monde ?

Ma surface est recouverte de plaques.
Chaque fois que deux plaques rentrent l'une dans l'autre, sous le choc, mon écorce se plie et se casse, et des montagnes pointues apparaissent.

Ça dure depuis longtemps ?
Ça a commencé il y a 45 millions d'années… et ça dure toujours ! Voici le Mont Everest, au Népal : il continue de se soulever lentement.

Bien vu Alban : des mouvements dans le sous-sol de cette région d'Australie ont soulevé un énorme bloc de rocher tout entier.

Et celle-ci, avec
ces curieux pitons ?
On est en Turquie je crois !

Oui, en Cappadoce. Ici des couches de cendres volcaniques se sont empilées. Celles du haut, plus dures, ont protégé comme un chapeau celles du dessous, plus tendres. Et, tout autour, la roche s'est usée au fil du temps, laissant apparaître ces « cheminées de fées ».

C'est de la lave, ça ?
Attention Blob,
ne t'approche pas trop,
c'est brûlant...

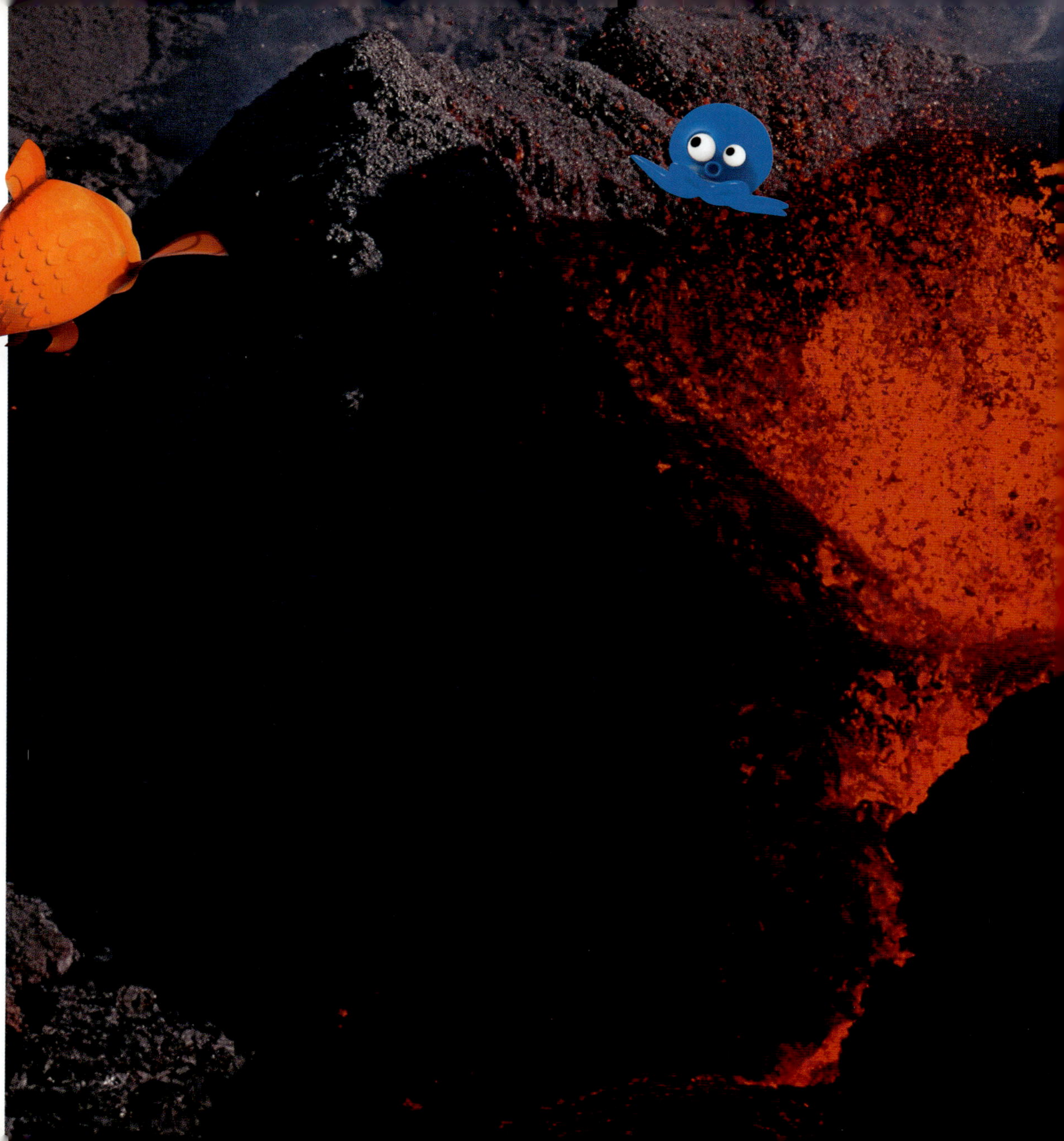

Oui, plus de 1000 degrés !
Il fait si chaud au fond de moi
que la roche devient liquide.
Et parfois elle bout tellement fort
qu'elle perce une cheminée
jusqu'à la surface, et sort :
c'est l'éruption volcanique.

Et cette éruption
volcanique crée
une véritable montagne ?
C'est bien cela ?

**Oui, les flancs de ce volcan,
le Piton de la Fournaise
à la Réunion, sont constitués
de la lave qui s'est accumulée
au cours de précédentes éruptions.
Parfois, une région entière
est façonnée par les volcans,
viens voir !**

Nous voici dans la région du Kamtchatka, en Russie. Elle fait partie de la « Ceinture de Feu » du Pacifique.

À cause de tous les volcans qui s'y trouvent ? C'est vrai, derrière celui-ci, j'en vois plusieurs autres ! Ce volcan n'a pas l'air bien dangereux, il ne crache qu'une petite fumée...

Détrompe-toi Alban, ce volcan peut exploser d'un jour à l'autre. Il y a 150 ans, il s'est réveillé après 2 300 ans de sommeil. C'est un volcan toujours actif, comme une trentaine d'autres dans la région.

Alors, une éruption volcanique, c'est super dangereux, la Terre ?

Bien sûr, elle peut détruire toute vie autour d'elle. Et un volcan peut même être dangereux plusieurs années après son éruption, comme ici aux Philippines.

Ce village dans l'île de Luçon est à moitié englouti par une coulée de boue ! Après l'éruption, de fortes pluies ont entraîné une vague de cendres.

Et là, tout est détruit ! Encore à cause d'une éruption ?
Non, c'est un tremblement de terre, Alban. En 1999, dans la région d'Izmit en Turquie, deux de mes plaques tectoniques ont bougé. Leur déplacement a provoqué l'écroulement de nombreux immeubles trop fragiles !
Quand tu bouges, c'est parfois effrayant, la Terre...

Waouh,
quelle gigantesque cascade !
Que s'est-il passé ici,
on dirait qu'une partie
du sol s'est effondrée !

C'est exactement ça !
La rivière Iguazù, ici, à la frontière du Brésil et de l'Argentine, forme une immense chute d'eau de plus de 70 mètres de haut.

En réalité, il y a des petites bulles d'air dans l'eau. Tous ces tourbillons creusent le sol petit à petit au pied de la chute, puis la roche s'écroule.

Dis la Terre,
c'est vrai que les montagnes
peuvent s'user,
rapetisser ?

Hé oui ! Par exemple, ce vieux volcan dans le Massif Central en France, s'est érodé : le vent, les pluies l'ont usé lentement.

Bizarre,
il n'a même plus de cratère,
ce volcan !

Tu sais, comme il est éteint depuis longtemps, sa cheminée est bouchée, et son cratère qu'on aperçoit toujours s'est sûrement effondré sur lui-même.

Je sais qu'il existe aussi
des montagnes qui se déplacent :
les icebergs !

Tu as raison, petit malin ! « Iceberg » veu
dire « montagne de glace ». Lorsqu'ils
se détachent de leur glacier, ils dérivent
en mer sur des centaines de kilomètres,
poussés par les courants et le vent.

Mais pourquoi la glace de cet iceberg du Groenland n'est-elle pas partout de la même couleur ?

Cela dépend de sa solidité ! Elle est bleue quand elle est très dure, et blanche quand elle contient encore de grosses bulles d'air.

Regarde, Alban, au Qatar, d'autres montagnes qui se déplacent aussi.

Ah bon ? Mais comment ?

Un petit vent qui souffle toujours dans le même sens fait monter les grains de sable jusqu'au sommet de la dune, puis les fait retomber de l'autre côté…

Et c'est comme cela qu'elles avancent, les dunes ?

Hé oui ! Elles se déplacent de près de 10 mètres en une année. C'est peu pour toi, Alban, mais c'est très rapide pour une « montagne » de sable !

Dis la Terre, ici le sable
ne forme pas de montagne,
mais il se déplace aussi :
il est même en train d'envahir
les cultures !

**Oui, dans l'oasis de Kebili en Tunisie,
le vent pousse le sable
sur les champs.**

Mais les cultivateurs
ne font rien pour l'en empêcher ?

**Les réserves d'eau souterraines
de cet oasis s'épuisent et les hommes devront
peut-être abandonner les cultures,
faute de pouvoir les arroser.**

Une oasis
pourrait disparaître ?

Oui Alban.
Et si la source d'eau douce
se tarit, le désert s'installe
à la longue.

J'ai remarqué qu'à d'autres
endroits sur toi la Terre,
il y a trop d'eau.

Oui souvent ! Viens voir…

Que se passe-t-il ici ? Il y a des arbres, et même une maison, au milieu de ce lac ?!

Ce n'est pas un lac, Alban : c'est la rivière Saône, en France, qui a débordé, et inondé toute la plaine. Il avait beaucoup plu, et les sols de la région étaient gorgés d'eau.

Non, quelques jours, quelques semaines…

Regarde, ici la rivière est retournée dans son lit…

C'est vrai, la maison est juste au bord de l'eau et les arbres sont au sec !

Mais si jamais il pleut à nouveau beaucoup, l'eau regagnera la terre…

Dis la Terre, une inondation peut-elle s'étendre sur un pays entier ?

Presque !
Regarde ce village du Bangladesh : à la saison de la mousson, c'est la moitié du pays qui se trouve inondée…

Les habitants sont obligés de se mettre à l'abri dans des bateaux ! La mousson, c'est une catastrophe.

Oui et non…
Quand les pluies sont trop abondantes, elles détruisent les récoltes et mettent les habitants en grand danger. Mais elles sont indispensables pour les cultures, pour arroser les sols et éviter la sécheresse.

C'est une question d'équilibre, Alban.

Alban, saurais-tu trouver d'autres traces de mes mouvements ?

Là, cette longue crevasse ! Je parie qu'il y a encore une histoire de plaques tectoniques là-dessous...

**Bravo, on ne peut rien te cacher !
La faille de San Andreas aux Etats-Unis
est comme une déchirure de l'écorce terrestre,
provoquée par le frottement
de deux plaques. Elle traverse
toute la Californie, sur 1 000 kilomètres.**

*Ici pas d'éruption volcanique,
pas d'immense montagne
qui se soulève...*

**...mais des petits tremblements de terre
tous les jours, et certainement,
un jour, un plus gros !**

Eh la Terre, viens voir,
j'ai trouvé la trace
la plus étrange
de toute ta surface !

C'est l'impact d'une météorite sur mon écorce, dans le désert de l'Arizona, aux Etats-Unis. Ce cratère fait plus de 100 mètres de profondeur.

Une météorite...
tu veux dire un gros caillou
venu de l'espace ?
Elle devait être énorme
pour faire un trou
aussi grand !

**Pas vraiment,
elle ne devait pas faire plus
de quelques dizaines de mètres,
mais m'a heurtée à une telle vitesse
qu'elle a creusé et soufflé la roche
autour d'elle. Elle s'est d'ailleurs
pulvérisée sous le choc !**

Eh bien, la Terre,
tu bouges dans tous les sens !
Et tu n'as pas
tout vu : le ciel et la mer
bougent aussi…
Aaah, un orage !
Vite, à l'abri au fond de l'eau !
Blob, avec moi !

Retrouve-moi dans les autres titres
de la collection :

2- Les hommes et leurs maisons
3- Les animaux sauvages dans leur milieu
4- Comment vivent les enfants dans le monde ?

Dès 6 ans

(visuels non contractuels)

Découvrez en DVD de nouvelles aventures
de La Terre vue d'Alban.

Voici tous les beaux endroits que j'ai vus avec Blob.

Mont Everest, Himalaya, Népal

Mont Trafalgar dans la réserve Prince Regent, West Kimberley, Australie

Maisons troglodytiques près d'Uçhisar, Cappadoce, Anatolie, Turquie

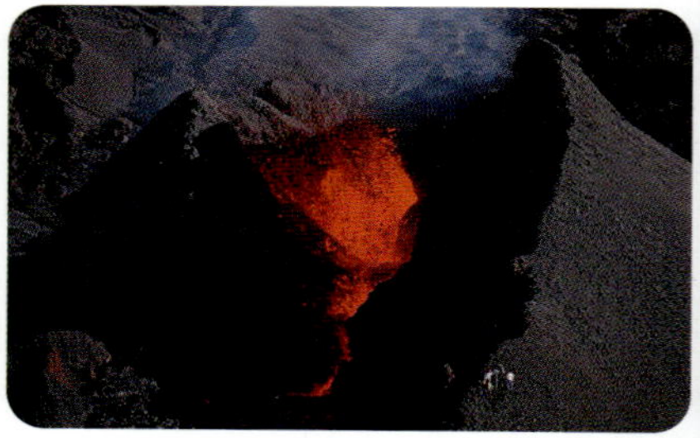

Cône éruptif du piton de la Fournaise île de la Réunion, France

Volcan Karymsky en éruption, Kamtchatka, Russie

Village de Bacolor sous une coulée de boue, île de Luçon, Philippines

Tremblement de terre à Golçük, rivage de la mer de Marmara, Turquie

Chutes d'eau d'Iguazú, province de Misiones, Argentine et Brésil